कोमल कलियाँ

दिल से लिखी गई कविताओं का संग्रह

सौम्या जैन

ISBN 978-93-5458-996-6
© SOMYA JAIN 2021
Published in India 2021 by Pencil

A brand of

One Point Six Technologies Pvt. Ltd.
123, Building J2, Shram Seva Premises,
Wadala Truck Terminal, Wadala (E)
Mumbai 400037, Maharashtra, INDIA
E connect@thepencilapp.com
W www.thepencilapp.com

DISCLAIMER: *The opinions expressed in this book are those of the authors and do not purport to reflect the views of the Publisher.*

Author biography

लेखिका के बारे में

सौम्या एक कथाकार और कवयित्री हैं। उनकी कविताएँ मानवीय भावनाओं को व्यक्त करती हैं जो कोमल, विचारोत्तेजक और विचारशील हैं। भावनाओं की सुंदरता से प्रेरित होकर वह न केवल अपनी कविताओं में बल्कि अपनी कला में भी नए रंग भरना पसंद करती है। उनकी कलाकृति में अक्सर अमूर्त कला और आलंकारिक कला शामिल होती है।

जब वह लेखन या पेंटिंग नहीं कर रही होती है, तो वह कर्मचारी विकास और प्रतिभा प्रबंधन के लिए कॉर्पोरेट प्रशिक्षण और शिक्षण उद्योग में परामर्श सेवाएं प्रदान करती है। वह अपने काम से समाज में एक प्रभाव बनाना चाहती है।

CONTENTS

Foreword

कवयित्री की मेज से

महिलाओं को अक्सर कोमल, संवेदनशील, भावनात्मक और कमजोर दिल के रूप में लेबल किया जाता है। जबकि महिलाएं अपनी भावनाओं के साथ दुनिया पर शासन कर सकती हैं, उन्हें गंभीरता से नहीं लिया जाता है।

यह पुस्तक महिलाओं को घेरने वाली बाधाओं को तोड़ने की एक पहल है और कवयित्री सभी पाठकों को लैंगिक पूर्वाग्रहों को पहचानने और महिलाओं को महत्व देने के लिए प्रोत्साहित करती है। आखिरकार, महिलाएं जो अपनी भावनाओं को नियंत्रित करती हैं, अपनी भावनाओं को नियंत्रित करती हैं, अपनी ऊर्जा को सकारात्मक चीजों में लगाती हैं और अपने दिल की सुनती हैं, वे सबसे खुश हैं।

क्या आप सहमत हैं?

प्रकाशन अधिकार

लेखिका की पूर्व अनुमति के बिना इस प्रकाशन के किसी भी भाग को फोटोकॉपी, प्रिंटिंग, रिकॉर्डिंग, या इलेक्ट्रॉनिक या यांत्रिक विधियों सहित किसी भी रूप में या किसी भी माध्यम से पुनः प्रस्तुत, वितरित या प्रसारित नहीं किया जा सकता है।

इस पुस्तक में ऐसे चित्र हैं, जिन्हें आईस्टॉक जैसी ऑनलाइन साइटों से डाउनलोड किया गया है।

मेरे मम्मी पापा के लिए

मैं यह पुस्तक अपने माता-पिता को समर्पित करती हूँ।

कृष्णा की राधा

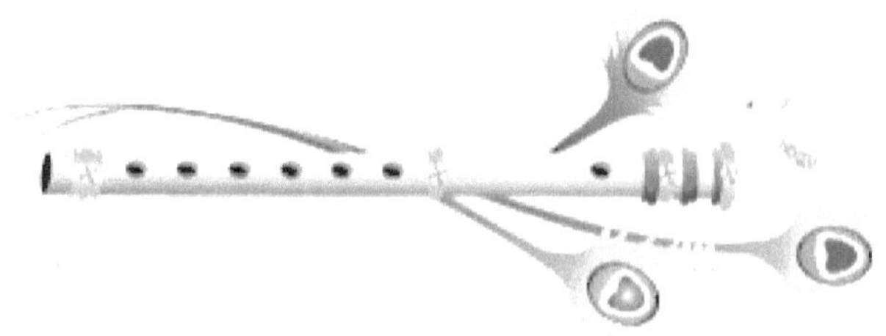

बांसुरी की धुन हूँ

मोरपंख के सारे रंग हूँ

मैं कृष्णा की राधा हूँ

ख्वाबीदा होकर जीती हूँ

मैं उम्मीद को मुस्कान की तरह ओढ़ती हूँ

नासमझ हूँ पर उसमे ही खुश हूँ

ज़िन्दगी की लीला को वेफिकर खेल के संतुष्ट हूँ

मैं कृष्णा की राधा हूँ

दिल की बारिश

जब कहती हूं में कि मासूम हूँ

तो बिना सोचे मान लो कि सच कह रही हूँ

बेनकब है ये चेहरा

बेवजाह दिल भी खुशनुमासा है

सच है ये कि आज आधा घंटे की बारिश ने

परेशान मन को सुख दे दिया

शांत दिल को सरलता से जगा दिया

धरती को आहिस्ता-आहिस्ता चहकती बून्दों ने

ज़िंदगी ख़ूबसूरत है ये बात फिर याद दिला दी

बेचैन धड़कनों को मासूमियत से हर पल जीना फिर सिखा
दिया

ठंडी हवा के झोंको में तो डायरी के कोमल कागज भी खेलने
लगे

जाली के दरवाजे से जब बहार देखा

तो कलम के रंग वाला दुपट्टा ओढ

एक हाथ में अदरक वाली चाय लिए

बस आपको चेहरे पर हंसी की वजह का राज़ बताने का मन हो गया

एक नज़र

बस यूँही दिल दे देते हैं हम

प्यार के रंगो से ज़िंदगी बदलते हैं हम

क्या है ये जिसे मोहब्बत कहते हैं हम

उनकी एक नज़र में सुकून पा लेते हैं हम

एक दिल दुसरे दिल के लिए धड़कता है

बस यूँही दिल देकर

खुद को पा लेते हैं हम

बंदिशें

तुम्हारे प्यार ने यह अब तक क्या सिखाया है मुझे

एक पल में अपनाया और एक ही पल में किया पराया है

भावनाओं की यहाँ किसी को कदर नही

प्यार महसूस करोगे कैसे

जब तुम्हे परवाह ही नही

नसीब वाले है जो प्यार दिल से करते हैं

यहाँ तो दिमाग से, रंग, रूप देख

पैसे से मोहब्बत का इज़हार होता है

लोगों को तुम्हारी कोई कदर नहीं

आज़ादी की बंदिशें यहाँ काम नहीं

मन कोई कैसे करे बेपरदा

जब यहाँ मुस्कराहट भी सच्ची नहीं

एक मुखौटा पहन रोज़ सुबह घर से निकलते हैं हम

सफर पर चले जा रहे बहुत कुछ देखते हैं हम

मासूमियत

दिल ढूंढता है उस मुस्कान को

जो कभी बेफिक्र हँसती थी

दिल ढूंढता है उस चेहरे को

जिस चेहरे पर ख़ुशी खिलती थी

दिल ढूंढता है उस धड़कन को

जिसका मन निडर था

और ज़िन्दगी एक खूबसूरत बगिये में महकती थी

उम्मीद है इस दिल को

उस दिल की धड़कने फिर गुनगुनाएंगी

जीवन की रंगोली फिर चमकेगी

मन की छवि होठों पे आएगी

पत्रिका का इंतज़ार

तुम हर हफ्ते मुस्कान लेकर आती हो

तुम्हारे आने की खुशी में मन जगरूक रहता है

सोचता है अपने पिटारे में कितने सितारे लाओगी

हर सितारे की कितनी कहानियां बताओगी

इस बार की कविता किस विषय में होगी?

ये पंकतियां क्या गीत जितनी मधुर होंगी?

हल्की हो पर ज्ञान का भंडार हो

चेहरे को चमकने के राज़ का खजाना हो

पिच्ली बार तुमने जैसे बताया था

आज शरबत उसी तरह बनायी है

अब कल तुम कौन सी विधि कौन सा नुस्का बताओगी?

सुबह- सुबह एक सुंदर रूप में आकर

गरम चाय के साथ आनंद देती जाओगी

चहल-पहल

जब अपने शहर लौटूंगी

तो एक गहरी सांस लूंगी

सारी चिंता भूल

खुले आसमान को देखूंगी

उन सडकों पर फिर सैर करने निकलूंगी

अपने पसंदिदा कपड़े पहन फिर से तस्वीरें खींचूंगी

अपने घर की छत पर चित्रकारी करुँगी

बालकनी के हर फूल से ढेर सारी बातें करुँगी

आज मैं अपने शहर अपने घर लौट आयी हूँ

नज़ाने क्यों दिल में अजीब सी हलचल है

सब आखिर नया सा क्यों लगता है

यह ज़िन्दग़ी की कैसी नई दस्तक है

कैसे समझाऊं खुद को ये कैसी पहल है

फिलहाल बस हर लम्हे को जीने में ही चहल है

चहकता मन

मन ही मन से बातें करता है

तन्हाई में एक अलग ही जश्न मनता है

चुप चुप के दिल उसे ढूंढता है

दिल की बात कह देने से डरता है

खुशी आज फिर लौट आई है

मुस्कराहट फिर दिल से टकराई है

आज दुपटटा ओढ़

मैंने फिर ज़िन्दगी में रँग भरा है

सूफ़ियत है रूह में

आँखों में नूर छाई है

मन का चैन

मन का चैन इतना कीमती है कि इसका कोई मोल नहीं

जब अपने घर में बैठके सुख मिले

तो पत्तियों से भरी टहनियों में भी फूल खिलें

तारों से भरा आसमान खुशी से झूमे

और चेहरे पर मुस्कान की रौनक से

फूलों की सुगंध हर पल खिले

हां उन्ही न समझने आने वाला है ये मन का चैन

सीधा दिल से

अगर मैं तुम्हे ये बोल पता

तो बस तुम्हारे साथ दो पल बिताने को माँग लेता

कह देता तुम्हें कि तुम्हारी मुस्कान ने आज

मेरे दिल में बारिश कर दी

मेरे परेशान मन को एक ही क्षण में शांत कर दिया

अकेले बैठा सोचता हूँ मैं तुम्हे

याद आतें हैं वोह पल

जब तुम मुझे फीकी चाय बनाके देती थीं

बड़ी ही मासूमियत से चाय में शक्कर कम तो नही हैं पूछती थीं

और अब दिन यूँ ही बीत जाते हैं

एक वक़्त साथ बैठकर हम दो पल पानी भी नही पीते

हां माना तुम मज़बूर हो

काम में काफी व्यस्त हो

लेकिन मैं भी तो आखिर एक इंसान हूँ

दो बात कह देने के लिए उत्सुक हूँ

ज़िन्दगी के रंग

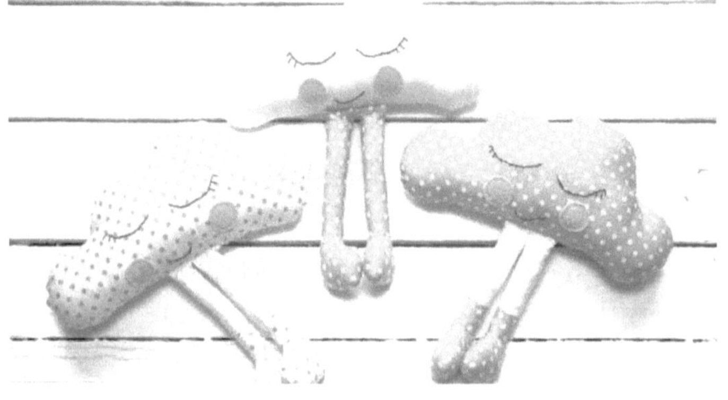

बड़ी खूबसूरत है ये ज़िन्दगी

यूँ ही इसे गँवाना नही

बड़ी नाज़ुक है यह ज़िन्दगी

यूँ ही इसे ठुकराना नही

हाँ माना थोड़ी नटखट है

पर इसी मासूमियत पे तो दिल धड़कता है

और जब धड़कने गुनगुनाती हैं

तो चंचल मन डोलता है

बेहलाकर फुसलाकर मन को तुम्हऐं समझाना है

रंगों की बारिश कर

हर पल को जीते जाना है

सादगी की सुंदरता

सूरज का प्रकाश धरती पर जब खिरता है

हर कण को नया जीवन मिलता है

जब रौशनी अपनी बाहों में अम्बर, धरा और समुन्दर को लेती है

कमल की हर कली खुलकर सांस लेती है

.

नलिनी नर्गिस से फुस्फुसने लगती है

इसी बीच गुड़हल की नाजुक, लाल पंखुड़ी

गुलाब की लाली बढा़ती है

मोर मोरनी छोड़ सब चिंता

संग हवा में झूमते हैं

खोल अपने सुंदर पंख वे

गुड़हल की भांती सूरज के प्रकाश में मुस्कुराते हैं

मोगरा के फूल जब मंदिर में खिलते हैं

पूरा संसार प्रसन्तम्य होकर

सुघन्ध् में मेहकता है

कोमल कली

जब में यहां आई थी

तब तुम एक नन्ही सी कली थी

सुबह दोपहर शाम तुम्हें देखती मैं

नाजाने कितने राज़ तुम्हें बताती

तुम मेरे सवालों का आसानी से जावाब तो नहीं देती

लेकिन मेरे सामने हर मौसम में खिलके

मुझमे विश्वास जगा देती

आज तुमने एक खुबसूरत फूल का रूप लिया है

मधुरता का रस आहिस्ता टपकाते हुए

तुम्हारे बचपन की नादानी याद करते हुए

एक नई कली को जीवन दिया है

हवा से खेलती हुई तितली तुम्हारे पास आती है

तुम्हें देख अपना प्यार जगती है

तुम्हारी पवित्रता को कोमलता से स्पर्श कर

अपने पंखो में नए रंग सजती है

आशा की बूंद

तुमसे मिलना इतना आसान नहीं है ये पता है मुझे

बात करने दिल को समझा लूंगी में इतना विश्वास है मुझे

सोचती हूँ तुम ही हर पल की क्या कर रहे हो तुम

कैसा होता अगर हम भी साथ होते हर पल

फोन में मएसएज् देख हर बार दिल धरकता है

कहीं तुमने याद तो नहीं किया ये सोच मन चहकता है

जब तुमसे दिनों दिन बात नहीं होती

मन बेचैन हो जाता है

बेचानी में एक अलग ही जोश होता है

तुमसे दो बात कह देने के लिए

हफ्तों तक इंतजार करती हूँ

समझा के मन को मैं तुम्हारे फोन मिलाती हूँ

जब तुम जवाब् नहीं देते तो दिल को फिर समझाती हूँ

हम जल्द बात करेंगे - इस उम्मीद से अगले दिन फिर फोन
चेक करती हूँ

जब तुम्हारा कॉल आता है

आखें चमक जाती है

दिल का सूकून चेहएक्ते हुए

चेहरे पर खिल जाता है

पीला दुप्पटा

"माँ मेरा पीला दुप्पटा कहाँ है

ज़रा ढूंढ के दो ना जल्दी से"

"अरे वंही किसी कपडे के नीचे आ गया होगा

ठीक से ढूंढ ले ना"

माँ ने पलटकर जावाब दिया

"हाँ माँ मैंने ठीक से देख लिया

यहाँ कहीं नहीं मिल रहा

तुम पहले ज़रा मेरी मदद करदो ना

मुझे जल्दी से खुश करदो ना"

"अरे! पर वही दुप्पटा क्यों ओढना है तुम्हें आज

ऐसा क्या खास है उस पीले दुपट्टे में?

जो तुमने आज पहना है

उसपे तो लाल रंग का दुपट्टा खिलेगा"

माँ ने दुप्पटा ढूंढने की जगह

फिर से मेरे सवालों का जवाब दिया

वह दुपट्टा मुझे पापा ने डॉटर्स डे पर दिया था

यह खास बात माँ को याद दिलाते हुए मैंने कहा,

"आज प्यारे पीले दुप्पट्टे को ओढने का इसलिए ठाना है

क्यूँकि अपने रूठे हुए पापा को जो मानना है"

अब तो मदद करोगी ना पीला दुप्पटा ढूंढने में मेरी?

माँ का उपहार

बाज़ार जाने के लिये जैसे हि मैने थैला लिया

माँ ने आवाज़ दी "सुनो एक डायरी और एक नीले रंग की कलम
लेती आना"

बिना कुछ बोले मैं बाजार की और चल पड़ी

इस दस मिनट की दूरी में

मन में चल रहे सवालों का जावाब सोचती चली

आखिर माँ ने आज डायरी और कलम क्यों मंगवाई है?

उनके मन में आज इन कोमल पंन्नो से बात करने का मन कैसे हुआ है?

माँ तो कभी मेरी कहानियाँ भी नहीं सुनतीं

तो आज आखिर उन्होंने अपनी कहानी लिखने का क्यों सोचा है?

माँ के प्रिय रंग वाली डायरी ले जब मैं घर लौटी

तो माँ ने उत्सुकता से मेरे थैले की ओर देखा

चाँद जैसी चमक लिए फिर मुझे

उनका उपहार देने को कहा

आप मानेंगे नहीं अगर मैं आपको बोलूं कि उस समय माँ की खुशी

हरी पत्तियों पर खिल रही मासूम बूढ़ों सी थी

और उनकी चाल हवा जैसी शीतल थी

मेरी तरह आप भी सोच रहे होंगे आखिर एक डायरी एक कलम में ऐसा क्या?

उस दिन माँ कुछ नहीं बोलीं

मैंने भी माँ से इस विषय में कोई चर्चा नहीं की

सोचा जब माँ मंदिर में होंगी

तो उन्हें धप्पा कह खेलते हुए सच पूछ लुंगी

अगले दिन सुबह जब मैं जागी

तो एक ही पल में पिछले दिन की सारी हलचल का अहसास हो गया

जन्मदिन की बधाई देते हुए

मेरे सामने वही डायरी वहीं कलम देते हुए

माँ सरलता से बोलीं,

"यह मेरी प्यारी कवयित्री के लिए

तुम ऐसे ही सुंदर कवितायें लिखती रहो

यह उपहार तुम्हें प्रेरित करने के लिए है

तुम्हारी कवितायेँ पढ़ मन खुश हो जाता है

बेचैन दिल कुछ पलों के लिए स्तिर् हो जाता है"

मेरी ख़ुशी का पिटारा इतना चंचल हो गया था

कि एक और कविता लिख

मुझे माँ के प्रिय रंग वाली डायरी को

अपने रंगों से सजाना था

कुछ बातें ऐसी भी

प्रिय मन,

क्यों तुम इतने परेशान हो?

क्यों कागज जितने नाजुक हो?

हाँ माना बहुत नादान हो

परंतु दिल की अज्ञानता का समाधान हो

इतना क्यों तुम सोच रहे हो?

सब सवालों का उत्तर आज ही क्यों ढूंढ रहे हो?

भावनाओँ के समुन्दर में इतना मत तैरो

फिलहाल तो तुम पानी की बूंदों का अहसास करो

कुछ दिनों पहले भी तुम ऐसे ही डोल रहे थे

याद करो उसके बाद वाले पल कितने सुहाने थे

यहाँ कुछ भी स्थायी नहीं

परंतु स्थिरता से ही सब सही

कुछ बातें ऐसी भी

विशवास की हैं ये दिल से कही

पानी के गीत

सरल निर्मल यह रहता है

नदी सिरोवर झील समुन्दर

इन रुपो में बहता है

रिम्झिम रिमझिम मधुर ध्वनि

पर्वत मे है गूँज ऊँची

आकाश मे कभी खिलता है, कभी बरस्ता है

धरति मा के चरण स्पर्श करता है

हमेशा साथ चहकता है

गुनगुनाता हुआ, हर रूप में स्थिरता से आगे चलता है

धन्यवाद

धन्यवाद!

मैं अपने माता-पिता, सुनीता जैन और संजय जैन, को धन्यवाद देना चाहता हूँ, जिन्होंने मुझे श्री रवींद्रनाथ टैगोर द्वारा "गीतांजलि" भेंट की। स्तुति के तार पढ़कर मुझे जीवन का सही अर्थ समझ में आया। इसने मुझे बताया कि अपनी ऊर्जा को कैसे प्रसारित किया जाए और दूसरों के दिल में मुस्कान कैसे डाली जाए।

मेरी यात्रा में मेरे साथ जुड़ने और अंत तक बने रहने के लिए मेरे सभी पाठकों का तहे दिल से शुक्रिया।

मेरे पाठकों के लिए

मेरे पाठकों के लिए...

क्या हम सच में कभी बड़े होते हैं? जबकि हम तर्कसंगत वयस्कों की तरह व्यवहार कर सकते हैं, गहराई से हम अभी भी वह बच्चे हैं जो जंगली दुनिया में कदम रखने की चिंता किए बिना अपनी दुनिया में रहना चाहते हैं...

"मजबूत रहें" - हाँ, करने से आसान कहा। हम सभी ऐसी स्थितियों में रहे हैं जहाँ हमने या तो पसंद से या बलपूर्वक अपना एक हिस्सा खो दिया। क्या हमें वास्तव में अपने खोए हुए स्वयं को खोजने के लिए हमें याद दिलाने के लिए समय चाहिए?